EDICTS ET

DECLARATION DV ROY,

pour l'Establissement d'vn Siege d'Election en Chef, & Bureau de Recepte des Aydes, Tailles & Taillon, en la Ville de Bar-sur-Aube.

Verifiez en la Chambre des Comptes & Cour des Aydes.

A PARIS,

Par A. ESTIENE, P. METTAYER & C. PREVOST, Imprimeurs ordinaires du Roy.

M. DC. XXIX.

EDICT DV ROY, PORTANT

*Creation & Establissement d'vn Siege d'E-
lection, & Bureau de recepte de ses Aydes,
Tailles & Taillon, en la Ville de Bar-sur-
Aube.*

E N R Y, par la grace de Dieu
Roy de France & de Pologne,
à tous presens & à venir, Salut
& dilection. Le plus grand de-
sir que nous ayons, est de sou-
lager & décharger nos Subjets
& les redimer de frais, dépens & vexation, tant
qu'il nous est & sera possible. Ayant donc veu &
entendu que plusieurs Paroisses des Elections
de Langres, Chaumont en Bassigny, Troyes,
Chaalons & Vertus, en sont fort éloignées, &
nos Subjets d'icelles constituez en grandes dé-
penses, tant pour y porter les deniers de nos Aydes, Tailles, Taillô, & autres, qu'aussi pour aller
rechercher la Iustice & plaider esdits lieux &
sieges d'Elections, dont ils seront soulagez &
déchargez en establissant Election & Bureau de
recepte en nostre Ville de Bar-sur Aube, de laquelle ils sôt plus proches, & où de tout téps &
ancienneté y a eu & a encores de presét, Bureau
de recepte de nosdites Aydes & Tailles. Dôt les
aucuns par leur negligence & des habitans d'i-
celle, ont esté mis & transferez ailleurs en créat

quelques Elections, & pour en accroiſtre d'autres : Meſmes y auoit audit Bar, deux Eleus en
tiltre d'office, que tient & exerce encores à preſent conioinctement Maiſtre Iean Garſault, vn
Procureur pour nous & vn Greffier : Comme
auſſi vn Receueur de noſdites Aydes, & vn Cō-
mis qu'y tiennent les Receueurs de nos Tailles
de Langres : Pour y receuoir celles de pluſieurs
Paroiſſes circonuoiſines & aux enuirons dudit
Bar, qui en eſt diſtant & éloigné de quatorze
lieuës.

SÇAVOIR faiſons, qu'ayant de ce meurement deliberé en noſtre Conſeil d'Eſtat, bien &
deuëment informé & certioré que les Elections
ſuſdittes ſont fort éloignées dudit Bar, & que
les Paroiſſes & Villages contenus & declarez
au roolle cy attaché ſous le contreſeel de noſtre
Chancellerie, ſont à l'enuiron & de beaucoup
plus prochés dudit Bar, que d'aucunes d'icelles
Elections, en ſorte que nos Subjets deſdittes
Paroiſſes, receuront grande cōmodité d'y aller
pour les effets ſuſdits, DE L'ADVIS de noſtredit
Conſeil, Auons ordonné, creé, erigé & eſtably,
& de noſtre certaine ſciéce, grace ſpeciale, pleine puiſſance & authorité Royale, par ce preſent
noſtre Edict perpetuel & irreuocable, creons
erigeons & eſtabliſſons en laditte ville de Bar-
ſur-Aube, vn Siege d'Electiō & Bureau de receptes particulieres d'icelle, compoſé d'vn Preſident auquel nous auons conjoint vny & incorporé leſdits deux offices d'Eleus particuliers dudit Bar tenus & exercez par ledit Garſaut, com-

me dit eſt, aux gages de cent eſcus par an, com-
pris ceux attribuez auſdit deux offices d'Eleus.
QuatreEleus,à pareils gages de cét eſcus chacũ.
Deux Receueurs de nos Aydes, Tailles & Taillon, aux gages de deux cents eſcus chacun com-
pris ceux attribuez & dont ioüit Maiſtre Clau-
de Gallée, pourueu de l'office de Receueur de
nos Aydes audit Bar, que nous auons en ſemblable conioint vny & incorporé à l'vn d'iceux
deux Receueurs. Deux Cótroolleurs, aux gages
de quatre vingts-eſcus chacun. Vn Aduocat
pour nous & noſtre Procureur, qui, ſans gages,
y eſt ja eſtably, aux gages de vingt eſcus chacun.
VnGreffier qui y eſt auſſi de preſent eſtably ſans
gages, ayant ſon office hereditaire aux gages
de dix eſcus. Et trois Huiſſiers Sergens auec
pouuoir de faire tous exploits comme les autres Sergents Royaux de l'ordinaire dudit Bar.
Leſquels gages nous auons auſdits Preſident,
Eleus, Receueurs, Controolleurs, Aduocat,
Procureur & Greffier, ordonnez & attribuez,
ordonnons & attribuons, pour d'iceux eſtre
payez & ioüir deſdits offices, ceux qui en ſeront
preſentement & par cy-apres quand vacation
y écherra, par nous & nos ſucceſſeurs Roys,
pourueus aux honneurs, authoritez prerogatiues, prééminences, exemptions, franchiſes, li-
bertez, pouuoir & attribution de iuriſdiction,
taxations, cheuauchées, droits, proffits, reuenus
& émolumēts tels & ſemblables & dont ioüiſſent les officiers des autres Elections de ceſtuy
noſtre Royaume, ſuiuant nos Edicts & Ordon-

nances, à commencer du iour & datte des pro-
uifions qu'vn chacun d'eux fera tenu à cette fin
prendre de nous. Mefmes ledit Eleu particulier
dudit Bar, dont l'office eſt vny & incorporé auec
celuy de Preſident, comme dit eſt, & en ſemblable ledit Gallée Receueur de nos Aydes : noſtre
Procureur, auquel nous permettõs de prendre,
tenir & exercer ſi bon luy ſemble, conioinctement auec ſondit office, celuy de noſtre Aduocat, à la charge qu'il le pourra démébrer & iceluy reſigner quand il voudra, ſans pour ce payer
aucune finance: ny obtenir de nous, autre Lettre
de diſpenſe: & le Greffier ayant ſon office hereditaire: pour iouïr des preſentes augmentations
& attributions à la meſme condition. Leſquels
Eleus, noſtre Procureur, Receueurs, Gallée, &
Greffier, au refus ou delay qu'ils ferõt de prendre leſdittes prouiſions, Nous voulons eſtre
rembourſez par ceux qui ſeront par nous pourueus deſdits offices, de la Finance qu'ils en ont
actuellement payée: & qui ſans fraude ou dé-
guiſement eſt entrée en nos parties caſuelles:
Enſemble de leurs frais & loyaux couſts, que
nous auons taxez & liquidez à vingt eſcus pour
chacun d'eux: & leſdits rembourſemens ainſi
faits, ou en leur refus de les prédre & accepter,
conſignez au Greffe ordinaire dudit Bar: Nous
leurs auons interdit & défendu, interdiſons &
défendons, l'exercice deſdits offices, à peine de
faux & de nullité de tous actes & expeditions, à
laquelle Election ainſi par nous preſentement
creée & eſtablie en ladittte ville de Bar-ſur-Au.

be, reſſortiront les Paroiſſes & Villages, com-
pris, dénommez & declarez au roolle & cayer
cy-attaché comme dit eſt, enſemble leurs anne-
xes, ſecours & hameaux, & ſeront les deniers de
nos Aydes, Tailles, & Taillõ, Creuës, & tous autres que nous ferons leuer ſur nos Subjets deſdittes Paroiſſes, portez ou enuoyez au Bureau
de ladite Election de Bar : & mis és mains des
Receueurs, par nous preſentemét creez chacun
en l'année de ſon exercice , qui en feront puis
apres le ſemblable és mains des Receueurs Generaux de nos Finances, eſtablis à Chaalons en
Champagne, à commencer du premier iour de
Ianuier prochain venant. Et à ceſt effect auons
diſtrait & éclipſé, diſtrayons & éclipſons deſdittes Elections de Langres, Chaumont, Troyes,
Chaalons & Vertus, & leurs reſſorts, & toutes
autres leſdittes Paroiſſes & Villages que nous
auons ordonnez reſſortir & eſtre, & dépendre
d'oreſnauant de laditte Election de Bar. Et à
cette fin, les y auons coniointes & vnies enſem-
blement, ſans toutesfois preiudicier aux deux
Eleus particuliers qui ſót eſtablis l'vn à Briene,
& l'autre à Chaours, leſquels tiendront & exer-
ceront leurs offices ainſi que doiuent & ont accouſtumé nos autres Eleus particuliers, n'en-
tendans ſupprimer leſdits offices d'Eleus particuliers, ſinon vacation y aduenant par mort, ou
forfaitture tant ſeulement.

S I donnons en mandement à nos amez &
feaux Conſeillers, les gens de nos Comptes, &

Cour des Aydes à Paris. que ce prefent noſtre
Edi¢t ils facent lire , publier & enregiſtrer,
garder & inuiolablement obſeruer , de point
en point, felon fa forme & teneur , fans y con-
treuenir ny fouffrir ou permettre y eſtre contreuenu en aucune forte ou maniere que ce
foit : ceſſants & faifant ceſſer tous troubles ou
empefchemens au contraire : Et contraignent
à ce faire , fouffrir & obeyr tous ceux qu'il ap-
partiendra , & qui pour ce feront à contraindre
par toutes voyes & manieres deuës & raifonna-
nables , nonobſtant oppoſitions ou appellations quelconques, pour lefquelles & fans preiudice d'icelles , ne voulons eſtre differé , ny la
reception , inſtallation & iouyſſance de ceux
qui (comme dit eſt) feront par nous pourueus
defdits Offices, aucunement fufpendue ny retar-
dée:& dont fi aucunes interuiennent , nous a-
uons retenu & referué , retenons & referuons
à nous & noſtredit Conſeil d'Eſtat, la cognoiſ-
fance d'icelle , interdifant & defendant à tous
autres Iuges. Mandons en outre à nos amez &
feaux Conſeillers les Preſidens & Treſoriers.
Generaux de France , en leur Bureau eſtably audit Chaalõs, faire aſſeoir & impoſer d'orefnauãt
par chacun an , à commencer du premier iour
de Ianuier prochain , fur nos fubiets des paroiſ-
fes qui reſſortiront , comme dit eſt , en ladite
Election de Bar , la fomme à quoy montent &
reuiennent les gages defdits Officiers tant anciens que nouuellement attribuez, & iceux leur
facent payer en la maniere accouſtumée : Car
tel

tel est noftre plaifir. Nonobftant, comme def-
fus, & quelsconques Edicts, & Ordonnances,
reftrictions, mandemens, defenfes, & Lettres à ce contraires. Aufquelles pour ce regard
& fans y preiudicier en autres, nous auons derogé & derogeons par ces prefentes ; aufquelles
& afin que ce foit chofe ferme & ftable à touf-
iours, nous auons fait mettre noftre feel, fauf
en autres chofes noftre droict, & l'autruy en
toutes. Donné à Paris, au mois de Decembre l'an de grace mil cinq cens quatre-vingt vn,
& de noftre regne le huictiéme. Ainfi figné fur
le reply par le Roy eftant en fon Confeil: DE
NEVFVILLE: & feellé en lacs de foye rouge &
verte, du grand feel de cire verte.
Et fur ledit reply eft efcrit.

*Leu, publié & regiftré en la Chambre des Comp-
tes, ouy le Procureur General du Roy, du tres expres
commandement dudit fieur : Ainfi qu'il eft contenu
au regiftre fur ce fait le dixiéme iour de Ianuier, l'an
mil cinq cens quatre vingt-deux, Signé,* DE LA FON-
TAINE.
Plus fur ledit reply eft encor efcrit.

*Leu, publié & regiftré en la Cour des Aydes à Pa-
ris, ouy fur ce & requerant le Procureur General
du Roy, & du tref-expres commandement dudit
Seigneur par plufieurs fois reiteré, tant par efcrit que
de viue voix : le vingt fixiéme iour de Ianuier, l'an
mil cinq cents quatre vingt-deux,*
Signé, PONCET.

B

ROolle des Paroiſſes , & Villages , que le Roy , pour le bien , ſoulagement , & commodité de ſes ſujects habitans & demeurans en icelles, A voulu & ordonné eſtre , & reſſortir d'oreſnauant au Bureau d'Élection que ſa Maieſté a nouuellement crée & eſtably , en la ville de Bar-ſur-Aube : à commencer du premier iour de Ianuier prochain , que l'on comptera mil cinq cents quatre-vingt-deux.

PREMIEREMENT,

Bar-ſur-Aube	Bierne
Fontaines	Cormont
Acconuille	Mouſtier en l'iſle
Ailleuille	La Ville neufue au freſne
Barouille	Lignol
Bergeres	Longchamp
Bayel	Praiz
Collombé le ſecq	La Mothe en Bleſy
Collombé la foſſe	Rouure ſoubs-Lignol
Collombé aux deux Egliſes	Voygny
Argentolles	Vruille
Chamcourt	Aranthieres
Amance	Engentes
Frauaulx	Maiſons
Couuignon	Buché
Champignolles	Rizaucourt
Daillancourt	Cleruaux & les Granges
Gondrecourt	
Haricourt & ſaincte	

Ambonuille
Arſonual
Challette
Arnaucourt
Blaigny
Vandeuure & les For-
ges
La Ville-au bois
Le Val ſuzenay
Le champ au Roy
La Ville neufue au
Cheſne
La loge aux cheures
Vauchonuilliers
Grancey ſur ourſe
Magni-Fouchart
Le Magni S. Pere
Proueruille
Blumeré
Blaize
Bouzancourt
Cerizieres
Spoy
Marmeſſe
Cirez
La Ferté-ſur-Aube
Ormoy
Lanty
Dinteuille
Iaucourt
Meuruille
Marbeuille

Mirebel
La Geneuroide
Maranuille
Renepont
Cirefontaines
Braulx
Ayzanuille
Siuanrouue
Vaudremont
Ville ſous la Ferté
Gillancourt
Saulcy
Villiers en Azois
Thors aux bois
Viré ſous bar
Courtenot
Vougré
Briel
Maignant
Fraſgnignes
Brillecourt lez-Brienne
Gié ſur Seine
Neufuille
Courteron
Cherency
Vitry le croiſé
Villiers merderel
Villantrode
Lantages
La chappelle Dauche
Praſlain & Marolles
Fontette

Sainct vsage
Cunfins
Le val de la fontaine
  & Laloy
Essoye & Seruigny
Poligny
Verpillieres
Esguly
Nouës & Maslay
Beurré
Thiefrain
Longpré & Môt-Martin
Le Puits & Nuisement
Le Brouilleux
Chassenay
Mussy l'Euesque
Plaine S. Lange
Cliste Berthignolles
Cuzangy
Valleurs
Chaource
Mez robert
Pargues
Chesley
Ballenot & Vaudré
Arganson
Doulancourt
Boussancourt
Trannes
Gersains
Dienuille
Vnieuille

Brienne la vieille
Brienne le chastel & la
  Ville
Chausmenil le Petit
Le Mesnil
Sauuage mesnil
Sainct Christofle
Larzicourt
Iuuandé
Esclances
Vernonuilliers
Leuigny
Fligny
Frasney
Vernonfay
La Rothiere
Thil
Tremilly
Neully pres Tremilly
Beureuille
Cirey le Chastel
Soulaynes & les depen-
  dences
Angluze
Sommeuoire
Cefondz
La Greue
Iagey
Flancourt
Louze
Les deux Moruilliers
Droye

La Chaire
Rosieres
Tilleu
Longueuille
Montirandel
Douluans le chaftel
Radonuilliers
Maizieres
Iuzanuigny
Crefpy
Rofnay
Lhuiftre
Yeuze & Courcelles
Potemont
Ville Maheu
Remy mefnil & Sau-
uage Magny
Vallentigny
Hampigny
Radonuilliers & lignon
Blaignicourt
S. Leger les Briennes
Sainct Vtin
Chappellaines
Hancourt
Fontenay

Margerie & S. Leger
Humberfin
Aulnay & Brillecourt
Gerzainz
Pé & Der
Dounemant
Sompuis
Gigny & Buffy
Drofnay & Othines
Clereul & Parts
Bretignicourt
Lafficourt
Pertes en Rotiere
Braux le Comte & le
    Sainct Pere.
Ionquereux & Bailly
Dampierre
Braban
Vaucongnes
Le Mertiercelin & Hú-
    banuille
Giffaumont
Sainct Cheron
Somfoiz
Trouan le grand
Trouan le petit

Ainfi figné, DE NEVFVILLE. Et à cofté eft efcrit ce qui s'enfuit :

Leu, publié & regiftré en la Chambre des Comptes, ouy le Procureur General du Roy, du tres-expres commandement dudit fieur, Ainfi qu'il eft contenu au Registre sur ce faict , le dixiéme iour de Iannier, l'an mil cinq cens quatre vingt-deux.

Signé DELAFONTAINE.

Plus est encor escrit :

Leu, publié & registré en la Cour des Aydes à Paris , oüy sur ce & requerant le Procureur General du Roy, du tres expres commandement dudit Seigneur, par plusieurs fois reiteré tant par escrit que de viue voix : le vingt-sixiéme iour de Iannier, l'an mil cinq cents quatre vingt deux.

Signé, PONCET.

ARREST DE LA CHAMBRE
DES COMPTES.

E v par la Chambre les Lettres patentes du Roy en forme d'Edict, données à Paris, au mois de Decembre dernier passé, signées sur le reply, par le Roy estant en son Conseil, DE NEVFVILLE. Cótenans creatió & establissement en la ville de Bar sur-Aube, d'vn siege d'Election & Bureau de recepte particuliere d'icelle, composée du nombre d'Officiers à plein mentionnez par ledit Edict : ainsi qu'il est plus au long contenu en iceluy; l'Arrest de ladicte Chambre du vingtiéme du

dit mois de Decembre interuenu ſur ledit E-
dict : par lequel, de l'expres commandement du
Roy, elle auroit ordonné qu'il ſeroit leu, publié, & regiſtré, ſans preiudicier aux Officiers
des Elections de Langres, Chaumont en Baſſi-
gny, Troyes, Chaalons, & Vertus, leſquels ſeroient recompenſez auparauant que ledit Edict
eut lieu : Deux autres Lettres patéres dudit ſieur,
données audit Paris, le vingtiéme dudit mois de
Decembre, & troiſiéme du preſent mois, conte-
nans mandement & tres expreſſe iuſſion à laditte Chambre : Que toutes choſes ceſſantes elle eut à verifier ledit Edict, purement & ſim-
plement, & ſans aucune modification : Sauf
toutefois pour le regard de ce qui eſt porté par
iceluy, que la ſomme à quoy montent les gages
attribuez aux Officiers de ladite Election, ſera
impoſée & leuée ſur les Subjets des Paroiſſes &
Villages dont elle eſt compoſée; leſquels ledit
ſieur veut eſtre payez des deniers de ſes Aydes
& Tailles, ſans aucune ſurcharge de ſes Subiets;
renuoyant à ſa Maieſté les oppoſans pour
leur faire droit ſelon qu'a touſiours eſté ſon intention, nonobſtant les Arreſts par elle cy-deuant donnez ſur ledit Edict : L'Arreſt de ladite
Chambre du quatriéme iour du preſent mois :
par lequel Veu les oppoſitions formées à la verification dudit Edict, elle auroit ordonné que
les oppoſants ſe retireroient pardeuers ſa Maieſté, pour leur eſtre fait droict ſur leur oppoſi-
tion : Autres Lettres patentes d'iceluy ſieur, dó-
nées audit Paris le neufuiéme iour dudit preſent

mois, fignées, par le Roy en fon Confeil. De Nevfville. Par lefquelles ledit fieur apres auoir entendu en fondit Confeil, le rapport du fieur de Videuille Intendant de fes Finances, fur la verification par luy faite des interefts que peuuent auoir lefdits oppofans, en ladite erection & eftabliffement, De l'advis de fon dit Confeil, auquel le tout a efté meurement deliberé, mefme fur la charte y attachée fous le côtrefeel de la Chancellerie, recognu & confideré l'affiette de ladite ville de Bar-fur-Aube, Païs & Paroiffes dont ladite Election eft compofée: Derechef mande, commande & tres expreffement enjoinct à ladite Chambre cette fois pour toutes, que fans plus differer pour aucunes raifons, confiderations & refpects que ce foient ou puiffent eftre, & toutes chofes ceffantes, elle ait à proceder à la verification & entherinement dudit Edict, fans aucune reftriction ou modification, fi n'eft pour le regard des gages defdits Offices qui feront pris fur les deniers de fes] Aydes & Tailles, fuiuant les precedétes Lettres de Iuffion. Oüy la creance d'aucuns Prefidents, Confeillers & Maiftres ordinaires en laditte Chambre, fur le commandement à eux faict par fa Majefté, de proceder par icelle à ladite verification: enfemble le Procureur General dudit fieur: Tout côfideré, La Chambre a ordonné & ordonne ledit Edict eftre leu, publié & regiftre: Oüy le Procureur General du Roy, du tres-expres commandement dudit fieur, fans preiudice des oppofitions, pour lefquelles decider,

les

les opposants se retireront par deuers sa Majesté, pour leur estre pourueu sur icelles, & sur leur
indemnité. Faict le dixiéme iour de Ianuier l'an
mil cinq cents quatre vingts deux. Et au dessous
est écrit, Extraict des registres de la Chambre
des Comptes. Signé, DE LA FONTAINE.

EDICT DV ROY, SVR LA suppression de quelques Sieges particuliers, & Elections de nouuel erigées, & des Bureaux & Officiers y establis, en six Generalitez: Et du remboursement desdits Officiers.

HENRY, par la grace de Dieu, Roy de France & de Pologne, à tous presens & à venir, Salut. Chacun sçait assez que la multitude d'Officiers, en toutes charges & functions, y apportent plustost des-ordre & côfusion, que raison & police: specialement en ce qui est de l'administration de nos Finances, impositions & leuées, qui se font sur nos Peuples & Subjets, qui portent par tels moyens plus de foulles & surcharges, à leur perte & ruine. Ce qu'ayant par nous esté consideré, apres le retour des Commissaires, par nous n'agueres enuoyez en nos Prouinces pour la visite d'icelles & nosdits Subjets; auriôs trouué plusieurs nouuelles Elections, depuis certaines années faites & creées à la poursuite de di-

uerſes perſonnes, pluſtoſt deſireux & ambitieux
d'offices , que du bien de nos Subjets:& ſous diuers autres pretextes , ont tât fait que d'en auoir
fait creer & eriger pluſieurs.   Entre autres en la
charge d'Outreſeyne & Yonne, eſtablie à Paris:
celles de Ioigny, Creſpy en Vallois , & Creſſy en
Brie. En la Generalité de Champagne, celles de
Vitry, Eſparnay,& Bar ſur-Aube. En la Generalité de Berry, la Chaſtre,Chaſteauroux,Mont-
luſſon, & Chaſtillon ſur Indre , en la Generalité
de Languedoil, eſtablie à Orleans Romorentin,
Baugency & Pithiuiers. En la Generalité de
Touraine , Amboiſe, Mirebeau, & Monſtreul-
Bellay,& en la Generalité de Poictou,Maulcon,
Partenay, & Bellac. Eſquelles Elections eſtans
en nombre de dix-neuf , outre treize autres Elections qui eſtoient auſſi nouuellement creées en
noſtre Prouince de Normandie:& pour leſquelles y a Edict de Suppreſſion à part : auoient eſté
eſtablis Bureaux & receptes & diuers Officiers:
comme Preſidents,Eleus,Receueurs, Controolleurs,Procureurs & Aduocats pour nous, Receueurs des amendes & Sergents, en tel & ſi grand
nombre que nous & noſdits Subjets en reçoi-
uent de tres-grandes incommoditez & ſurchar-
ges , tant pour les grands gages & droicts qu'ils
prennent, que pour s'exempter indeuëment &
ſans raiſon de payer, comme ils nous doiuent, la
Taille,à la décharge du pauure;eſtans les plus ri-
ches & apparens deſdites Villes cy deſſus decla-
rées toutes ſujettes & contribuables à la Taille.
Et encores ayans eſté aduertis qu'en ladite Ge-

neralité de Champagne, l'Election de Beaufort
dés long temps creée, n'y a que dix-sept Paroiſſes ſeulement, & fort petites ; s'y trouuant quaſi
autātd'Officiers & d'autres ne payāts Taille, que
d'autre peuple la payant, à la grande diminution
d'icelle, & autant de ſurcharge du pauure peuple: Pour à quoy pouruoir & remedier, Auons
apres auoir de ce faict conferé auec la Royne
noſtre tres-honorée Dame & Mere : aucuns
Princes de noſtre Sāg, & autres Princes & Sieurs
de noſtre Conſeil, eſtants les noms, & de noſtre
pleine puiſſance & authorité Royale, ſupprimé
& aboly, ſupprimons & aboliſſons leſdittes
vingt Elections & Bureaux de receptes particulieres, & tous les nouueaux Officiers faicts &
creez en icelles Elections: demourans neantmoins les Officiers qui y eſtoient eſtablis lors
de la Creation & Eſtabliſſement deſdicts Bu
reaux d'Elections & receptes particulieres, en
leurs Eſtats & charges : & ſi aucuns d'iceux e-
ſtoient decedez, ceux des plus anciens pourueus
& inſtituez, entreront en leur lieu & place pour
la meſme charge & function qu'ils faiſoient auparauant, ſans qu'ils ſe puiſſent plus auant im-
miſcer en l'exercice deſdites charges : ce que
leur defendons, & pareillement à tous les autres
Officiers d'icelles Elections, ſur peine de faux,
& ce à commencer du premier iour de Ianuier
prochain venant: & en ce faiſant auons ioinct,
vny & incorporé, ioignons, vniſſons & incor-
porons toutes les Paroiſſes diſtantes, & dont les
Elections ſuſdites ont eſté faites & compaſſées,

en celles dont ils ont esté ostées, pour y demeu-
rer , comme ils estoient auparauant lesdittes
Creations & Establissement desdites nouuelles
Elections: sans que lesdits Officiers ainsi supprimez, puissent d'oresnauant, à commencer comme dessus, iouïr de tous les gages, droicts, exemptions & Priuileges par eux pretendus , & dont
ils , ou aucuns d'eux, ont cy-deuant, & iusques
au dernier iour du present mois , ioüy & vsé:
ains voulons seulement qu'en attendant leur
remboursement ils ayent & iouïssent des gages
ou rente , à raison du denier dix ou douze de la
Finance qu'ils nous auront , sans fraude ne dé-
guisement, payée & financée en nos parties Ca-
suelles : ainsi qu'il sera aduisé en nostre Conseil:
& d'iceux gages ou rentes payez par les Receueurs particuliers de nos Aydes & Tailles, le
plus à leur commodité , que faire ce pourra.
S I donnons en mandement à nos amez & feaux
les gens de nos Comptes à Paris , Cour de nos
Aydes audit lieu, & Tresoriers generaux de nos
Finances, & Generalitez susdites, que ce present
nostre Edict de Suppression, ils facent lire , publier & enregistrer : iceluy entretenir, garder &
obseruer , chacun en son regard de poinct en
poinct, selon sa forme & teneur: sans qu'il y soit,
en quelque sorte que ce soit, côtreuenu : le tout
nonobstant oppositions ou appellations quelconques: pour lesquelles ne voulons estre differé. C A R tel est nostre plaisir: & à fin que ce soit
chose ferme & stable, nous auons fait mettre
nostre seel à cesdites presentes. D O N N E' à

sainct Germain en Laye, au mois de Decembre,
l'an de grace mil cinq cents quatre vingts-
trois: Et de noſtre regne le dixieme. Signé, Par
le Roy eſtant en ſon Conſeil. DE NEVFVILLE.
& à coſté, VISA. Et ſeellé de cire verte, ſur lacs
de ſoye rouge & verte, & du grand ſeel.

Leu, publié, & regiſtré en la Chambre des Comp-
tes : Oüy le Procureur general du Roy, ainſi qu'il eſt
contenu en l'Arreſt donné ce iourd'huy vingtieſme
Ianuier, mil cinq cents quatre vingts & quatre.
　　　Signé,　　　　　　　　DANES.

EDICT DV ROY, POVR LE
Reſtabliſſement des Offices des Bureaux &
Sieges d'Elections cy deuant ſupprimez.

ENRY, par la grace de
Dieu, Roy de France & de
Pologne, A tous preſens,
& à venir, Salut. Nous
auons cy deuant, pour
pluſieurs conſiderations,
& afin de recouurer de-
niers pour ſubuenir à la
neceſſité de nos affaires : meſmes à l'entretene-
ment des armées, qu'il nous a conuenu mettre
pour le bien & conſeruation de cet Eſtat, remis
& reſtably la pluſpart des Offices de Iudicature
& des Finances, qui auoient auparauant eſté

supprimez, & auions resolu de n'entrer au restablissement des autres: Toutesfois n'estant
ceste necessité diminuée, comme nous espe-
rions: mais plustost accreuë & augmentée par
la continuation des despenses desdites armées
& autres qu'auons à supporter; Nous sommes
contraincts de rechercher & nous ayder d'autres nouueaux moyens qui se trouuerõt moins
onereux à nos subiets. Entre lesquels, nous
ayant esté proposé le restablissement des Bureaux des Elections cy deuant supprimez, lequel est à present effectué en nostre pays & Du-
ché de Normandie, nous en aurions voulu
conferer & deliberer auec aucuns Princes de
nostre sang, & autres Princes & Seigneurs de
nostre Conseil, estans pres de nous. De l'Aduis desquels, & de nostre pleine puissance &
auctorité Royale, Auons par ce present Edict
perpetuel & irreuocable, remis & restably, remettons & restablissons toutes les Elections
qui ont esté cy deuant supprimées; les Edicts
de la creation desquels auoient auparauant esté
publiez où besoin estoit, excepté toutesfois
celles de nostredit pays de Normandie, où nous
auons particulierement pourueu: pour lesdi-
tes Elections ainsi restablies, auoir lieu d'oresnauant, comme les autres de nostre Royaume,
& y estre tenus Bureaux particuliers pour la recepte de nos deniers des lieux & Paroisses qui y
ressortiront: contenus & declarez esdits Edicts
de Creation, selon les Reglemens portez par
iceux, qui seront suiuis & obseruez, tout ainsi

que s'ils estoient cy particulierement declarez:
ayans en ce faisant reuoqué & reuoquons les
Edicts qui ont esté expediez pour la suppression
desdictes Elections, sous quelque pretexte &
occasion que ce soit: en chacun desquels Bureaux d'Election sera par nous de nouueau
pourueu d'Officiers. au mesme nombre qu'ils
estoient ordonnez par lesdit Edicts de creation
auec augmentation de ceux qui ont esté depuis
par nous creez en chacune des autres Elections
de nostre Royaume: Ayans à ceste fin remis &
restably, remettons & restablissons les Offices
qui auoiét esté supprimez auec lesdits Bureaux
d'Elections, & iceux en tant que besoin seroit
creez & erigez, creons & erigeons de nouueau,
pour par ceux qui seront par nous pourueus de
tous lesdits Offices en vertu de ce present Edict,
en iouïr & vser aux mesmes honneurs, auctori-
tez, prerogatiues, preeminences, franchises, li-
bertez, exemptions, affranchissemens, immunitez, taxations, droicts de cheuauchées, & autres
droicts, fruicts, profits, reuenus & émolumens,
dont iouïssent les Officiers des autres Elections
de nostre Royaume, & aux gages portez & attribuez par nosdits Edicts de Creation. Et afin
de ne laisser aucune occasion de plainte, à ceux
qui ont esté cy-deuant pourueus des Offices
presentement restablis & creez esdites Electiós,
Nous leur auons permis & permettons de ren-
trer en iceux, Et de s'en faire de nouueau pour-
ueoir, suiuant ce present Edict: A condition que
dans vn mois apres la publication d'iceluy, cha-

cun d'eux payera en deniers comptans , la moitié de la Finance , à laquelle l'Office, dont il
iouïſſoit, lors de la ſuppreſſion, aura eſté taxé. Et
pour le payement de l'autre moitié de ladite Finance , il pourra bailler le rachapt & rembourſement du principal de la rente qui luy a eſté
conſtituée pour ladite ſuppreſſion, ou partie d'i-
celuy, iuſques à la concurrence de ladite moitié
de la Finance dudit Office: Et ſera tenu en ce faiſant de fournir au Treſorier de nos parties Caſuelles, auec leſdits deniers comptans , ſa quittance dudit rembourſement de rente, auec la copie collationnée de ſon Contract de conſtitu-
tion deuëment déchargé: duquel payement ainſi fait en rachapt de rente: ledit Treſorier de nos
parties Caſuelles, fera mention: par la quittance
qu'il expediera pour chacun Office, afin que ſur
la copie d'icelle qui ſera attachée aux Lettres de
prouiſion , comme il eſt accouſtumé, ſuiuant
nos Ordonnances, leſdits Treſoriers generaux de
nos Finances, en verifiant & baillant leurs at-
taches, puiſſent deſcharger les Eſtats de nos Finances de ce que monteta le rachapt deſdites
rentes: Voulons neantmoins, afin que noſtre
peuple ne ſoit ſurchargé à l'occaſion du preſent
Edict, que le fonds qui nous reuiendera par le
moyen du rachapt deſdites rentes, ſoit & de-
meure deſtiné & employé au payement des gages deſdits Officiers : & que ſemblablement, le
ſurplus d'iceux gages ſoit pris ſur ce qui nous
reuient en chacune de noſdites receptes particulieres. Entendons auſſi qu'incontinent que
leſdits

l lesdits Tresoriers Generaux de nos Finances
cognoistront qu'il aura esté par nous pourueu
d'Officiers en chacun desdits Bureaux d'Elections, en tel nombre qu'ils puissent nous y
seruir, & faire ce qui est necessaire pour la leuée
& recepte de nos deniers , ils leur facent deli-
urer les Roolles, Departemés & Commissions,
& autres expeditions pour ce necessaires, & les
establissent en chacun desdits Bureaux , sans
qu'il leur soit besoin d'auoir lors à ceste fin plus
amples lettres de nous. Si donnons en mandement à nos amez & feaux les Gens de nos
Comptes & Cour des Aydes à Paris , que ce-
stuy nostre present Edict, ils facent lire , publier, registrer & le contenu en iceluy obseruer , iouyr & vser des Offices restablis & créez
par iceluy, ceux qui en seront par nous pourueus: Cessans & faisant cesser tous troubles &
empeschemens au contraire. Mandons aussi à
nos amez & feaux   urs Generaux de
nos Fináces, que suyuant & effectuant pour leur
regard le contenu en ce present Edict: ils des-
chargent les Estats de nos Finances de ce que
monteront les rachapts & remboursemens de
rentes qui seront baillez en payement de la
moitié de la Finance desdits Offices presentement restablis & creez: Couchent & employée
neantmoins en iceux estats à present, & pour
l'aduenir les gages & taxations ordonnez & attribuez à ceux qui seront pourueus, suyuant
cedit present Edict, pour leur estre payez en
chacune de nosdites receptes de quartier en

D

quartier, en la maniere accouſtumée. CAR tel eſt noſtre plaiſir : Nonobſtāt les Edicts, tant generaux que particuliers, contenants la ſuppreſſion des Bureaux deſdites Elections & Officiers d'iceux , tous Edicts, Ordonnances, Arreſts & Lettres à ce contraires: Auſquels noµs auons pour ce regard derogé & derogeons par ceſdites preſentes : & aux derogatoires des derogatoires y contenuës. Nonobſtant auſſi oppoſitions ou appellations quelſconques : pour leſquelles , & ſans preiudice d'icelles ne voulons eſtre differé : la cognoiſſance , iugement & deciſion deſquelles , Nous auons reſeruée & retenuë, retenons & reſeruons à nous & à noſtredit Conſeil : Et icelle interdicte & defenduë, interdiſons & defendõs, à toutes nos Cours & Iuges quelſcõques, par ces preſentes: au vidimus deſquelles deuëment collationné par l'vn de nos amez & feaux Notaires & Secretaires, foy ſoit adiouſtée, cõme au preſent Original: Auquel , afin que ce ſoit choſe ferme & ſtable à touſiours, Nous auons fait mettre noſtre ſeel. Donné à Paris, au mois de Ianuier, l'an de grace, mil cinq cents quatre vingt ſept , Et de noſtre regne le treiziéme. Signé, Par le Roy eſtant en ſon Conſeil: DE NEVFVILLE, Et ſeellé du grād ſeau de cire verte, ſur lacs de ſoye rouge & verte. Plus ſur le reply eſt écrit.

Leu , publié & regiſtré en la Chambre des Comptes, oüy le Procureur General du Roy, le ſeptieſme iour de Feurier ,1587. Signé, DANEZ.

316

Leu, publié & regiſtré en la Cour des Aydes à Paris, ouy ſur ce & requerant le Procureur General du Roy, le vingtieſme iour de Mars, mil cinq cents quatre vingt-ſept.

Signé,　　　　　　　　　**PONCET.**

DECLARATION DV ROY PORtant reſtabliſſement d'vn Siege d'Election en Chef, en la ville de Bar-ſur-Aube.

OVIS, par la grace de Dieu, Roy de France & de Nauarre, A tous ceux qui ces preſentes Lettres verront, Salut. Le principal ſoin que nous auons eu depuis noſtre aduenement à cette Couronne, a eſté de rechercher tout ce qui nous a eſté poſſible pour le repos de nos Subjets, particulierement en ce qui regarde le fait particulier des Tailles qui ſe leuent en ceſtuy noſtre Royaume, du payement deſquelles n'ayant peu encores les décharger, bien que ce ayt touſiours eſté noſtre intention; du moins auons nous eſſayé tous moyens pour les reduire en quelque ordre, ſoit par reglements executez, creation de grand nombre

D ij

d'Officiers, pour tenir la main que le pauure ne fuſt plus foulé que le riche, ains ſoulagé par ceux qui ſeroient trouuez auoir plus de moyés de ſupporter telles charges ordinaires, & en cas de plainte leur eſtre fait prompte & briéue Iuſtice, le plus commodément que faire ce pourroit; Soit par l'eſtabliſſement de pluſieurs Elections aux lieux où elles eſtoient les plus neceſſaires: dont nos Suiets auroient receu tel ſoulagement & vtilité, ainſi qu'il nous a eſté donné à entendre par ceux qui ont la principale direction dans nos Prouinces; que depuis peu encores il nous auroit eſté repreſété qu'en l'annéc mil cinq cens quatre vingt-vn, le defunct Roy Henry III. noſtre tres-honoré Seigneur & Oncle, par ſon Edict du mois de Decembre audit an mil cinq cents quatre vingt-vn, ſur les remonſtrances des Habitans de noſtr- Ville de Bar-ſur Aube, l'vne des plus anciennes & principales de noſtre Prouince de Chápagne, & des mieux ſituées pour cét effect, Auroit creé vne Election, pour eſtablir en icelle, entre quatre autres Elections éloignées de vingt-ſix à vingt-huict lieuës du Bureau de nos Finances eſtably en noſtre ville de Chaalons, dont partant, la voiture de nos deniers ne ſe pouuoit faire qu'à grand frais & danger de perte, & ce qui eſt encores plus conſiderable, ſans paſſer en noſtreditte ville de Bar-ſur-Aube, laquelle dés-lors fut iugée le plus commode lieu pour cét eſtabliſſement: qui auroit eſté pourtant remis par vne ſuppreſſion mandiée par E-

dict du mois de Decembre mil cinq cents quatre vingt trois, & par vn autre Edict du mois
de Ianuier mil cinq cents quatre vingt-
sept , sur les mesmes considerations &
remonstrances de la commodité de toute la
Prouince, restablie : Et l'Edict de restablissement, executé pour toutes les autres Elections,
creées par le mesme Edict, fors en nostreditte
ville de Bar-sur-Aube, au moyen des troubles
qui estoiét lors aduenus par tout nostre Royaume, & principalement en cette Prouince de
Champagne : Pour l'establissement de laquelle
il nous a esté fait tant de diuerses remonstrances, & representé des considerations si prei-
gnantes pour le soulagement de nos Subjets de
laditte Prouince, sur l'incommodité & éloi-
gnement des lieux, ausquels ils sont contraints
à toutes occasions de se trouuer, pour deman-
der Iustice du fait desdittes Tailles, & les grands
frais qu'ils ont à supporter pour les voitures
des deniers qu'ils sont contraints de porter à
leurs risques, perils & fortunes plus de vingt-
cinq lieuës loing, par des passages dangereux,
& des forests hantées de voleurs & autres gens
de mauuaises rencontres: Remonstrances telle-
ment considerables, que sur icelles dés-lors de
ce restablissemét dernier, il fut estably en ladite
ville de Bar-sur-Aube vn Bureau de Recepte
desdites Tailles, dót nos Receueurs pour epar-
gner les gages d'vn Cómis, peu apres se seroiét
dispensez, quoy que pour le fait de nos Aydes
en mesme temps, vn autre Bureau auroit esté

eſtably en laditte ville, auec toutes ſortes d'Officiers qui exercent encores à preſent toutes les
fonctions pour le fait particulier des Aydes, qui
ont telle connexité auec nos tailles, qu'il ſemble y auoir pareille raiſó de l'vn à l'autre. Toutes leſquelles conſiderations ayants fait mettre
en deliberation en noſtre Conſeil, comme auſſi
l'eſtabliſſement de cette Election en noſtreditte ville de Bar-ſur-Aube, creé il y a ſi long téps,
& par Edict de l'an mil cinq cents quatre vingt
vn, renouuellé par autre de l'an mil cinq cents
quatre vingt-ſept, cy attaché ſous le contreſeel de noſtre Chancellerie: Lequel nous a eſté
repreſenté grandement neceſſaire pour le bien
de noſtreditte Prouince de Champagne, & ſoulagement de nos Sujets habitants les Paroiſſes
circonuoiſines de laditte ville de Bar-ſur-Aube:
A CES CAVSES de l'Aduis de noſtredit
Conſeil, auquel eſtoient la Royne noſtre tres
honorée Dame & Mere, noſtre cher & tres-a-
mé frere le Duc d'Orleans, aucuns Princes &
Officiers de noſtre Couronne, & autres nota-
bles perſonnages, & de noſtre certaine ſcience,
pleine puiſſance & authorité Royalle, AVONS
dit, declaré & ordonné, & par ces Preſentes
ſignées de noſtre main, DISONS, declarons &
ordonnons, Voulons & nous plaiſt, que laditte Election ſoit eſtablie en noſtreditte ville
de Bar-ſur-Aube en vertu de l'Edict de reſtabliſſement du mois de Ianuier mil cinq cents
quatre vingt-ſept, verifié où beſoin a eſté, &
que cette Election ſoit compoſée de pareil nó-

bre d'Officiers qu'eſt à preſent l'Election de
Chaumont. Et dautant que depuis la creation
de cette Election, il a eſté par nos predeceſſeurs
Roys & par nous, creé pluſieurs Officiers en
chacune de nos Elections, pour le bien & ſoulagement de nos Subjets : N o v s de meſme
Aduis que deſſus, Declarons noſtre vouloir &
intention eſtre, que pareils Offices ayent eſté
creés pour laditte Election de Bar-ſur-Aube,
comme ſi délors des Edicts : de creation d'i-
ceux, elle euſt eſté eſtablie, & tout ainſi que
dans les autres Elections de noſtre Royaume,
bien qu'ils n'ayent eſté leuez en nos parties Caſuelles, ayant pour aucunes cauſes & conſide-
ratiós reſerué iuſques à preſent, l'eſtabliſſemét
de laditte Election, & la liberté de leuer les Offices dont elle deuoit eſtre compoſée, que nous
voulons eſtre fait à preſent, & les Offices taxez
pour laditte Election , tout ainſi en la meſme
forme , & pour iouïr par les pourueus d'iceux,
de pareils Honneurs , Priuileges, Immunitez,
Preeminences, Gages, Droicts, Proffits, Reuenus , Taxations & Emoluments, dont ioüiſſent
les Officiers de noſtreditte Election de Chaumont , Sur le pied deſquels en vertu dudit E-
dict de creation du mois de Decembre mil cinq
cents quatre vingt vn, & autres Edicts faits depuis noſtre aduenement à la Couronne , ils ſeront taxez, dont il ſera fait mentió dans la quittance de finance. Leſquels Offices par ces preſentes, Nous auons de grace ſpeciale exemptez
de la taxe du preſt & droict annuel pour le téps

qui reste à expirer des neuf années portées par nos Lettres de Declaration du vingtiéme Feurier mil six cents vingt-vn, sans que pour ce ils puissent estre declarez vacans ny impetrables. SI DONNONS EN MANDEMENT à nos amez & feaux les Gents tenants nostre Cour des Aydes à Paris, que ces Presentes ils facent lire & registrer, garder & obseruer inuiolablement, sans souffrir y estre contreuenu en aucune façon, cessant & faisant cesser tous troubles & empeschements au contraire; Nonobstant tous Arrests qui pourroient auoir esté donnez, Edicts de suppression d'Offices, tant generaux que particuliers, qui pourroient auoir esté faits: Ausquels & aux derogatoires des dérogatoires y contenuës pour ce regard, nous auons dérogé & dérogeons par ces Presentes : CAR tel est nostre plaisir. DONNE' à sainct Germain en Laye, le douziéme iour de Septébre, l'an de grace mil six cents vingt sept, & de nostre regne le dix-huittiéme. Signé, LOVIS, & sur le reply, Par le Roy. POTIER : & seellée du grand Seau de cire jaune.

Registrées en la Cour des Aydes, Ouy le Procureur General du Roy, pour estre executées selon leur forme & teneur, suiuant & aux charges toutesfois portées par l'Arrest du iourd'huy. A Paris le 12. Decébre, 1628. Signé. DE LAISTRE.

ARREST

ARREST DE VERIFICATION

en la Cour des Aydes, de la Decla-
ration du Roy pour le Reſtabliſſement
de laditte Election de Bar-ſur-Aube.

E v par la Cour les Lettres Patentes du Roy en forme de
Declaration, donnée s à ſainct
Germain en Laye le douziéme
Septembre mil ſix céts vingt-
ſept, Signées, L o v i s, & ſur
le reply, par le Roy: P O T I E R,
& ſeellées ſur double queuë de cire iaune : Par
leſquelles & pour les cauſes y côtenuës, ſa Majeſté veut & ordonne qu'il ſoit eſtably vne Election en ſa ville de Bar-ſur-Aube, en vertu de
l'Edict de reſtabliſſement de laditte Election
du mois de Ianuier mil cinq cents quatre vingt-
ſe pt, verifié où beſoin à eſté, & de pluſieurs autres qui furent ſupprimées par Edict du mois
de Decembre mil cinq cens quatre vingt-trois
& depuis, reſtablies, excepté celle dudit Bar-
ſur-Aube, au moyen des troubles qui eſtoient
lors en ce Royaume, & principalement en la
Prouince de Champagne. Veut en outre ſa
Majeſté, que laditte Election ſoit compoſée de
pareil nombre d'Officiers qu'eſt à preſent l'E-

E

lection de Chaumont. Et dautant que depuis la creation d'icelle Election, il auroit esté estably plusieurs Officiers en chacune des Electiõs pour le soulagement de ses Subjets; Declare en outre, que son intention est, que pareils Officiers soyent creez pour laditte Electiõ de Bar-sur-Aube, comme si dés-lors des Edicts de creation d'iceux, elle eust esté establie, & tout ainsi que dans les autres Elections de ce Royaume, selon & ainsi qu'il est plus amplement porté par lesdittes Lettres, Arrest de la Cour du 31. iour de Mars mil six cents vingt-huict, par lequel elle auroit declaré ne pouuoir entrer en la verification desdittes Lettres, & supplioit tres-humblement le Roy l'en dispenser. Autres Lettres Patentes de sa Majesté en forme de Declaration & Iussion données à Paris le dernier iour d'Auril mil six cents vingt-huit: Signées, par le Roy, P o t i e r. & seellées sur double queuë du grand seau de cire iaune: Par lesquelles sur le refus fait par ladite Cour de verifier les Lettres de Declaration du 12. Septembre dernier, & sur les remonstrances faittes par les Officiers des Elections interessées audit Establissement, qu'ils auoient cy deuant, & auec cognoissance de cause, obtenu ladite suppression, remboursé les Officiers d'icelle, & depuis acquis plusieurs droits à prendre tãt sur le nombre des Paroisses de leurs Elections, que sur ce que chacune d'icelles portent de taille & creuë; partie desquels droicts leur tourneroit en pures pertes, si ledit Establissement auoit lieu

Mefme que laditte Election fubfiftant, fuyuant
le roolle des Paroiffes inferées au bas dudit E-
dict de creation d'icelle, la recepte des Tailles
de l'Election de Chaumont, pour le retranche-
ment des Paroiffes, qui en feroient diftraittes
pour compòfer celle dudit Bar-fur-Aube, fe
trouueroit manquer de fonds de neuf à dix mil
liures par an, pour payer les gages d'Officiers &
autres charges affignées fur icelle. P o v r lefquelles caufes, fadicte Maiefté veut & ordonne
que ledit reftabliffement ayt lieu fuiuant fa Declaration dudit iour 12. Septembre : Et qu'elle
foit còpofée des Paroiffes diftraittes defdittes
Elections de Chaumont, Langres, Troyes &
Vitry, ainfi qu'elles font contenuës par icelles
Declaration & Iuffion. Et que conformément
à la precedente Declaration, il foit eftably en
ladicte Election de Bar-fur-Aube, pareil & fem-
blable nombre d'Officiers, que ceux qui ont e-
fté creez en ladicte Election de Chaumont par
les precedents & faits iufques au iour de ladicte
Declaration, A pareils gages & droicts de Cheuauchées, Signatures de Roolles & Taxations.
Defquels Offices les Eleus & autres Officiers
defdittes Elections de Troyes, Chaumont, Là-
gres & Vitry, fe pourront faire pouruoir pour
les tenir pendant deux ans auec leurs Offices,
fans incòpatibilité: Enquoy faifant, ils iouiroiét
des gages & droits y attribuez; mefme pourroiét
refigner lefdits Offices fans eftre tenus de payer
le huittiéme denier de ladicte refignation, ny
aucun droict de marc-d'or; pouruea que ladicte

reſignation ſoit admiſe dans le dernier iour de Decembre de l'année mil. ſix cents vingt-neuf. Et pour indemniſer leſdits Officiers des Elections de Troyes, Chaumont, Langres & Vitry, des droicts de ſignature de Roolles, de bail des fermes des Aydes & de bordereau, à eux attribuez, & des droicts de quittances, port de commiſſions, & taxations auſſi attribué aux Receueurs d'icelles ſur les Paroiſſes que ſaditte Maieſté leur auoit permis de regaler leſdits droits au ſols la liure ſur les Paroiſſes qui eſtoient en leurs reſſors, Pour en iouïr par eux, comme ils faiſoient deſdits droits, A commencer du premier iour de Ianuier de laditte année mil ſix cents vingt-huict: Et moyennant laditte creation, ſaditte Maieſté auroit ſupprimé l'Election particuliere dudit Bar ſur-Aube & les Officiers d'icelle, ſauf à pouruoir à leur rembourſement de la finance par eux payée pour l'acquiſition deſdits Offices, & de leurs frais & loyaux couſts, ainſi qu'il ſeroit ordonné audit Conſeil, comme plus au long eſt contenu par leſdittes Lettres. Autre Arreſt de laditte Cour du ſixiéme Iuin mil ſix cents vingt-huict, par lequel elle auroit ordonné ne pouuoir entrer en la verification deſdittes Lettres du deuxiéme Auril mil ſix céts vingt-huict, & ſupplioit tres-humblement le Roy de l'en diſpenſer. Autres Lettres Patentes de ſa Majeſté, données au Camp deuant la Rochelle le dixiéme Iuin audit an, portans iuſſion finale, & mandement à laditte Cour de proceder purement & inceſſamment à l'enregiſtre.

ment defdittes Lettres du deuxiéme Auril pre-
cedent, nonobſtant ledit Arreſt de refus , cauſes
& motifs d'icelles oppoſitiós& empeſchements
faits ou à faire, & ſans preiudice d'iceux , dont
ſaditte Majeſté auroit retenu & à ſondit Conſeil, la cognoiſſance. Autre Arreſt de laditte
Cour du dixhuittiéme Aouſt dernier, par lequel
elle auroit dit ne pouuoir ſe départir dudit Arreſt du ſixiéme Iuin. Autres Lettres Patentes du
Roy en forme de Iuſſion données au Camp deuant la Rochelle, le vingt-huittiéme dudit
mois d'Aouſt, Signé, L o v i s , & plus bas, Par
le Roy: P o t i e r. Et ſeellées ſur ſimple queuë
du grand Seau de cire jaune , & contreſeellées :
Par leſquelles pour les cauſes y contenuës , ſaditte Majeſté mande à laditte Cour, que prenât
ſes Lettres du deuxiéme Auril dernier , pour
premiere Iuſſion ſeulement, elle aye à proceder
inceſſamment à l'enregiſtrement de ſes Lettres
Patentes du douziéme Septembre mil ſix cents
vingt-ſept, ſelon leur forme & teneur , nonobſtant ſes Arreſts de refus. Autre Arreſt de laditte Cour du vingt-ſixiéme Septébre mil ſix cents
vingt-huiĉt, par lequel elle auroit derechef ordonné qu'elle ne pouuoit entrer en la verification deſdittes Lettres , & ſupplioit le Roy l'en
diſpenſer. Autres Lettres Patentes en forme de
Iuſſion données au Camp deuant la Rochelle,
le vingt quatriéme Octobre enſuiuant, Signées
par le Roy: L e B e a v c l e r c. & ſeellées du
grand ſeau de cire iaune : Par leſquelles ſadite
Maieſté mande à ladite Cour qu'elle aye à pro-

ceder à l'enregiſtremét deſdites Lettres de Declaration du 12. Septembre mil ſix cents vingt-
ſept, ſelon leur forme & teneur : nonobſtant
leſdits Arreſts de refus, oppoſitiós ou appellations quelconques. VE v leſdits Edict Declaration & Lettres cy deſſus énoncées, cauſes &
moyens d'oppoſitions formées à la verification
d'icelles par les Officiers deſdites Elections de
Lágres, Vitry, Chaumót & Troyes, Maire &
Eſcheuins de Langres   Quinot,
Greffier en l'Electió de Troyes, Nicolas Begat,
Receueur des Aydes audit Bar-ſur-Aube
Boittotte Eleu particulier audit lieu ; Leurs
productions, Requeſtes preſentées par Maiſtre
André Mathe, proprietaire du Greffe de l'E-
lection de Vitry, Les Religieux Abbe & Con-
uent de Cleruaux, Sebaſtien Hardy Garde des
petits Seaux de laditte Election particuliere de
Bar-ſur-Aube, Pierre de Corbilly Garde des
petits Seaux aux Elections de Vitry, Ioinuille,
Sainct Dizier, Montirander & Vaſſy, Nicolas
Couſin, Payeur des gages des Elections de Vi-
try, Iean Delarne, Greffier en l'Election de
Bar-ſur-Aube, Les Habitants des Villages &
Paroiſſes de Blougny, Breuille, & Contiers,
Macloud Potel, Edme Paris & Edme Verault,
Sergent audit Bar-ſur-Aube. Les Habitants de
laditte ville, Nicolas Peret, Subſtitut du Pro-
cureur General en laditte Election de Bar-ſur-
Aube, & des Habitans de ladite ville de Vitry
le François, contenant leurs moyens d'oppoſi-
tion & empeſchement à la verification. Reque-

ſte des Eleus de Troyes & Chaumont ; contenant leurs principaux moyens pour l'eſtabliſſement de ladite   Autre

Requeſte dés Eleus de Langres & Vitry, contenant leurs reſponſes à ladite Requeſte. Toutes leſdites Requeſtes joinctes à ladite Declaration de l'ordonnance de ladite Cour : Conclu-
ſions du Procureur General du Roy, & tout
côſideré : LA COVR a ordonné & ordóne que
leſdites Lettres de Declaration du 12. Septébre
mil ſix cents vingt-ſept, Lettres de Iuſſion des
dixiéme Iuin, vingt huictiéme Aouſt & vingt-
quatriéme Octobre mil ſix cents vingt huict,
ſeront regiſtrées au Greffe d'icelle , pour
eſtre executées ſelon leur forme & teneur,
à la charge toutesfois que leſdits Officiers
& Acquereurs des droicts de l'Election particuliere de Bar-ſur-Aube, des Elections en
chef de Langres, Troyes, Chaumont & Vitry,
ſeront actuellement dédommagez des droicts à
eux attribuez pour les ſignatures des Roolles,
droicts de Cheuauchées, ports de Commiſſions,
& autres qu'ils ſouloient perceuoir ſur les Paroiſſes qui ont eſté diſtraictes deſdites Elections:
Et outre ce, rembourſez des ſommes par eux ou
leurs predeceſſeurs cy-deuant payées pour la
ſuppreſſion de ladite Election de Bar-ſur Aube,
faite par Edict du mois de Decembre mil cinq
cents quatre vingt trois, & ſans qu'il ſoit pro-
cedé à la reception des Officiers nouuellement
reſtablis, qu'il ne ſoit apparu à ladite Cour, que
ledit dédommagement ayt eſté executé. FAICT

à Paris en la Cour des Aydes le douziéme iour
de Decembre mil six cents vingt huict.

Signé,   DE LAISTRE.

*Collationnez aux Originaux par moy
Conseiller Secretaire du Roy & de ses
Finances.*